HTML

Sommario

Premessa

Una delle ultime tendenze per i professionisti di Internet è l'avvento della codifica HTML5. Sta diventando il linguaggio preferito dai siti web ovunque. Nell'ottobre 2014 il World Wide Web Consortium lo ha standardizzato e ora stiamo assistendo a molti siti Web che usano HTML5. YouTube, ad esempio, è passato da Flash player a HTML5 anche perché dal 31 dicembre 2020 Flash è stato deprecato su alcuni browser.

Innanzitutto, cos'è HTML5? Prima inquadriamo l'HTML che, nella sua essenza, è essenzialmente un mucchio di tag. Un tag aggiunge del valore al tuo testo, quindi, consente di renderlo digitale e fruibile a tutti.

Ma, con HTML5, il linguaggio di markup è diventato un tessuto connettivo che tiene insieme una serie di altre tecnologie. Audio, video, immagini, parole, titoli, citazioni, canvas, grafica 3D, indirizzi e-mail: ti permette di dire che queste cose esistono e fornisce i mezzi per usarli in una pagina.

Ecco quattro motivi per cui imparare ad usare HTML5, insieme ad alcuni avvertimenti da tenere a mente.

1. È il futuro della programmazione

Oggi, moltissimi siti web al mondo utilizzano HTML5. Internet sta diventando sempre più basato sulla multimedialità, quindi, richiede un linguaggio di programmazione in grado di accogliere questa prospettiva. HTML5 rende la consegna del contenuto multimediale molto più facile per lo sviluppatore e più veloce per l'utente che lo riceve.

2. **Appare nello stesso modo su tutte le piattaforme e i browser**

Quante volte hai visitato un sito web su Chrome e ti è sembrato perfetto, ma in seguito l'hai controllato sul tuo smartphone e non si adattava correttamente allo schermo? La compatibilità su tutte le piattaforme è uno dei principali vantaggi di HTML5 e questo è fondamentale per le aziende oggi. Con così tanti browser e formati disponibili, è necessario che il tuo sito web appaia allo stesso modo su tutti e creare una versione diversa per ogni piattaforma è poco pratico. Con HTML5 e il responsive design, puoi avere solo una versione della tua pagina web che avrà sempre un bell'aspetto, a prescindere da quale browser o dispositivo i tuoi utenti stiano utilizzando. Tuttavia, la compatibilità non è perfetta.

3. La codifica è semplificata

Gli obiettivi principali di HTML5 sono offrire un maggiore supporto multimediale e anche rendere la codifica molto più facile da leggere e comprendere sia per le persone che per le macchine. La codifica HTML5 è chiara, semplice e descrittiva e, invece di dover scrivere enormi blocchi di codice complicato, puoi creare la stessa cosa usando blocchi più piccoli di codice semplice. HTML5 rende anche il posizionamento di contenuti audio e video un gioco da ragazzi. Tratta quel contenuto come tratterebbe i tag immagine e questo rende le cose molto più facili per i programmatori perché consente loro di includere quegli elementi multimediali senza dover utilizzare un plug-in o un'API.

L'unico avvertimento con i nuovi tag `<audio>` e `<video>` è che supportano diversi formati di file, quindi dovrai includere diverse versioni del file multimediale che carichi.

4. **È più veloce e più adattabile all'utente**

Nel complesso, HTML5 potrebbe fornire un'esperienza utente molto migliore ai tuoi utenti. Con CSS3 i programmatori possono aggiungere elementi di stile più impressionanti a una pagina e fornisce anche il supporto per la geolocalizzazione: una pagina web può adattarsi a seconda della provenienza di un particolare utente e modificare il flusso di informazioni secondo le necessità. Inoltre, HTML5 usa i dati dall'utente invece di utilizzare i cookie e ciò consente tempi di caricamento della pagina più rapidi ma ciò rappresenta anche un rischio per la sicurezza. HTML5 viene fornito con una serie di nuove API come Drag and Drop, Schermo intero, Media Capture che ne aumentano le capacità e migliorano l'esperienza dell'utente. Tuttavia, non tutte le API sono completamente compatibili con tutti i browser. IE, ad esempio, su cui molte aziende fanno ancora affidamento, non è compatibile con molte delle nuove API HTML5. Chrome, Firefox e Safari invece hanno pochissimi problemi di compatibilità.

Tutto sommato, HTML5 è davvero il passo successivo nell'evoluzione del Web. Se la tendenza attuale continua, si prevede che raggiungerà un utilizzo ottimale entro il 2022.

Capitolo 1: Caratteristiche

HTML5 non è un unico e grande contenitore; è una raccolta di caratteristiche individuali. Quindi, non puoi rilevare il "supporto HTML5", perché non ha alcun senso ma puoi rilevare il supporto per singole funzionalità, come canvas, video o geolocalizzazione. Quando il browser esegue il rendering di una pagina Web, costruisce un DOM (Document Object Model) cioè una raccolta di oggetti che rappresentano gli elementi HTML nella pagina. Ogni elemento, ogni `<p>`, ogni `<div>`, ogni `<span>` - è rappresentato nel DOM da un oggetto diverso.

Tutti gli oggetti DOM condividono un insieme di proprietà comuni ma alcuni oggetti ne hanno più di altri. Nei browser che supportano le funzionalità HTML5, alcuni oggetti avranno

proprietà uniche. Una rapida occhiata al DOM
ti dirà quali funzionalità sono supportate.

Video

HTML5 definisce un nuovo elemento chiamato `<video>` per incorporare dei video multimediali nelle tue pagine web. Incorporare video era impossibile senza plug-in di terze parti come Apple QuickTime o Adobe Flash. L'elemento `<video>` è progettato per essere utilizzabile senza script di rilevamento.

Puoi specificare più file video e i browser che supportano il video HTML5 ne sceglieranno uno in base ai formati video che supportano. I browser che non supportano il video HTML5 ignoreranno completamente l'elemento `<video>` ma puoi usarlo a tuo vantaggio e chiedere loro di riprodurre il video tramite un plug-in di terze parti.

Kroc Camen ha progettato una soluzione chiamata "Video for Everybody!" che utilizza video HTML5 ove disponibile, ma ricorre a QuickTime o Flash nei browser meno recenti. Questa soluzione non utilizza alcun JavaScript e funziona praticamente in tutti i browser, inclusi i browser mobile.

Se vuoi usare in modo avanzato il tuo video piuttosto che caricarlo sulla tua pagina e riprodurlo, dovrai utilizzare JavaScript. Se il tuo browser supporta video HTML5, l'oggetto DOM che crea per rappresentare un elemento `<video>` avrà un metodo `canPlayType()`. Se il tuo browser non supporta il video HTML5, l'oggetto DOM che crea per un elemento `<video>` avrà solo il set di proprietà comuni a tutti gli elementi.

Puoi controllare il supporto video usando questa funzione JavaScript:

```
function supporta_video() {
 return
!!document.createElement('video').canPla
yType;
```

}

I formati video sono come lingue scritte. Un giornale inglese può trasmettere le stesse informazioni di un giornale spagnolo ma se puoi leggere solo l'inglese, solo uno di essi ti sarà utile! Per riprodurre un video, il tuo browser deve comprendere la "lingua" in cui è stato scritto il video.

La "lingua" di un video è chiamata "codec": è l'algoritmo utilizzato per codificare il video in un flusso di bit. Ci sono dozzine di codec in uso in tutto il mondo quindi quale dovresti usare? La sfortunata realtà del video HTML5 è che i browser non possono concordare su un singolo codec. Tuttavia, sembrano aver ridotto la scelta a due codec.

Un codec è a pagamento (a causa della licenza di brevetto) ma funziona in Safari e su iPhone, l'altro codec è gratuito e funziona in browser open source come Chromium e Mozilla Firefox.

Local Storage

L'archiviazione HTML5 offre ai siti Web un modo per archiviare le informazioni sul computer e recuperarle in un secondo momento. Il concetto è simile ai cookie ma è progettato per maggiori quantità di informazioni.

I cookie sono di dimensioni limitate e il tuo browser li rinvia al server web ogni volta che richiede una nuova pagina (il che richiede tempo extra e consumo di banda preziosa).

La local storage HTML5 rimane sul tuo computer e i siti web possono accedervi con JavaScript anche dopo il caricamento della pagina. Se il browser supporta l'archiviazione HTML5, sarà presente una proprietà `localStorage` sull'oggetto `window` globale. Se il tuo browser non supporta l'archiviazione

HTML5, la proprietà `localStorage` non sarà definita.

È possibile verificare il supporto dell'archiviazione locale utilizzando questa funzione:

```
function supporta_local_storage() {
  return ('localStorage' in window) &&
window['localStorage'] !== null;
}
```

La local storage fa davvero parte di HTML5? Perché è in una specifica separata?

La risposta breve è sì, fa parte di HTML5. La risposta leggermente più lunga è che local storage faceva parte della specifica HTML5 principale ma è stata suddivisa in una specifica separata perché alcune persone nel gruppo di lavoro HTML5 si sono lamentate del fatto che HTML5 fosse troppo grande. È stato un po' come tagliare una torta in più pezzi per ridurre il numero totale di calorie... benvenuto nel bizzarro mondo degli standard.

Quanto è sicuro il mio storage database HTML5? Qualcuno può leggerlo? Chiunque abbia accesso fisico al tuo computer può probabilmente guardare (o persino modificare) il tuo storage database HTML5. All'interno del tuo browser, qualsiasi sito web può leggere e modificare i propri valori ma i siti non possono accedere ai valori memorizzati da altri siti. Questa è chiamata restrizione della stessa origine (same origin).

Web worker

I web worker forniscono ai browser un modo standard per eseguire JavaScript in background. Con i web worker, puoi generare più "thread" che vengono eseguiti tutti contemporaneamente, più o meno. Pensa a come il tuo computer può eseguire più applicazioni contemporaneamente, il concetto è molto simile.

Questi "thread in background" possono eseguire calcoli matematici complessi, richieste di rete o accedere alla memoria locale mentre la pagina web principale risponde all'utente che scorre, fa clic o digita.

Se il browser supporta l'API Web Worker, sarà presente una proprietà `worker` sull'oggetto `window` globale. Se il tuo browser non supporta l'API Web Worker, la proprietà non sarà definita.

Questa funzione controlla il supporto del web worker:

```
function supporta_web_workers() {
 return !!window.Worker;
}
```

Applicazioni offline

Leggere pagine Web statiche offline è facile: ti connetti a Internet, carichi una pagina Web, ti disconnetti da Internet, raggiungi una zona isolata e puoi leggere la pagina Web a proprio piacimento. Ma che dire dell'utilizzo di applicazioni web come Gmail o Google Documenti quando sei offline?

Grazie a HTML5, chiunque (non solo Google!) può creare un'applicazione web che funzioni offline. Le applicazioni Web offline iniziano come applicazioni Web online e la prima volta che visiti un sito web abilitato offline, il server web dice al tuo browser di quali file ha bisogno per funzionare offline.

Questi file possono essere qualsiasi cosa: HTML, JavaScript, immagini e persino video. Una volta che il browser ha scaricato tutti i file necessari, puoi visitare nuovamente il sito web anche se non sei connesso a Internet. Il tuo browser noterà che sei offline e utilizza i file che ha già scaricato.

Quando torni online, tutte le modifiche che hai apportato possono essere caricate sul server web remoto. Se il browser supporta le applicazioni Web offline, sarà presente una proprietà `applicationCache` sull'oggetto `window` globale. Se il tuo browser non supporta le applicazioni web offline, la proprietà `applicationCache` non sarà definita.

Puoi verificare il supporto offline con la seguente funzione:

```
function supporta_offline() {
 return !!window.applicationCache;
}
```

Geolocalizzazione

La geolocalizzazione è l'arte di capire dove ti trovi nel mondo e (facoltativamente) condividere tali informazioni con persone di cui ti fidi. Ci sono molti modi per capire dove ti trovi: il tuo indirizzo IP, la tua connessione di rete wireless, a quale torre è agganciato il tuo telefono o hardware GPS dedicato che riceve informazioni di latitudine e longitudine dai satelliti nel cielo.

La geolocalizzazione fa parte di HTML5? Il supporto per la geolocalizzazione viene aggiunto ai browser in questo momento, insieme al supporto per le nuove funzionalità HTML5. A rigor di termini, la geolocalizzazione viene standardizzata dal gruppo di lavoro sulla geolocalizzazione, che è separato dal gruppo di lavoro HTML5 ma in questo libro parlerò comunque della geolocalizzazione, perché fa parte dell'evoluzione del Web che sta avvenendo ora.

Se il tuo browser supporta l'API di geolocalizzazione, ci sarà una proprietà di geolocalizzazione sull'oggetto navigatore globale. Se il tuo browser non supporta l'API di geolocalizzazione, la proprietà di `geolocation` non sarà definita. Ecco come verificare il supporto per la geolocalizzazione:

```
function supporta_geolocation() {
  return !!navigator.geolocation;
}
```

Tipo di input

Hai già usato i form web, giusto? Crea un `<form>`, aggiungi alcuni elementi `<input type = "text">` e forse un `<input type = "password">` e terminalo con un pulsante `<input type = "submit">`.

Non ne conosci la metà di quelli disponibili. HTML5 definisce oltre una dozzina di nuovi tipi di input che puoi utilizzare nei tuoi form. Vediamo a cosa servono:

`<input type="search">`	per le caselle di ricerca
`<input type="number">`	per inserire solo numeri
`<input type="range">`	per gli slider
`<input type="color">`	per selezionare un colore
`<input type="tel">`	per i numeri di telefono
`<input type="url">`	per gli indirizzi Web

`<input type="email">`	per le e-mail
`<input type="date">`	per scegliere una data
`<input type="month">`	per scegliere un mese
`<input type="week">`	per scegliere una settimana
`<input type="time">`	per un timestamp
`<input type="datetime">`	per date / timestamp precisi e assoluti
`<input type="datetime-local">`	per data e ora locali

Microdata

I microdati sono un modo standardizzato per fornire semantica aggiuntiva nelle tue pagine web. Ad esempio, puoi utilizzare i microdati per dichiarare che una fotografia è disponibile con una specifica licenza Creative Commons. Come vedrai in seguito, puoi anche utilizzare i microdati per contrassegnare una pagina "Informazioni su di me".

I browser, le estensioni del browser e i motori di ricerca possono convertire il markup dei microdati HTML5 in un file vCard, un formato standard per la condivisione delle informazioni di contatto, inoltre, puoi anche definire i tuoi vocabolari dei microdati.

Lo standard dei microdati HTML5 include sia il markup HTML (principalmente per i motori di ricerca) che una serie di funzioni DOM (principalmente per i browser). Non c'è nulla di male nell'includere il markup dei microdati nelle tue pagine web; non sono altro che pochi attributi ben posizionati, i motori di ricerca che non comprendono gli attributi dei microdati semplicemente li ignoreranno.

Tuttavia, se devi accedere o manipolare i microdati tramite il DOM, dovrai verificare se il browser supporta l'API DOM dei microdati. Se il tuo browser supporta l'API dei microdati HTML5, ci sarà una funzione getItems() sull'oggetto document globale. Se il tuo browser non supporta i microdati, la funzione getItems() non sarà definita. Puoi verificare il supporto come segue:

```
function supporta_microdata_api() {
 return !!document.getItems;
}
```

Capitolo 2: Video e HTML

Chiunque abbia visitato YouTube negli ultimi anni sa che puoi incorporare video in una tua pagina web. Prima di HTML5, non esisteva un modo basato su uno standard per far ciò. Praticamente tutti i video che hai visto "sul Web" sono stati incanalati attraverso un plug-in di terze parti, forse QuickTime, forse RealPlayer, forse Flash. Questi plug-in si integrano con il tuo browser molto bene tanto da non renderti nemmeno conto che li stai utilizzando, finché non provi a guardare un video su una piattaforma che non supporta tale plug-in.

HTML5 definisce un modo standard per incorporare video in una pagina web, utilizzando un elemento `<video>`. Il supporto per l'elemento `<video>` è ancora in evoluzione. Ma non disperare! Ci sono alternative, fallback e opzioni in abbondanza.

Il supporto per l'elemento `<video>` stesso è in realtà solo una piccola parte della storia. Prima di poter parlare del video HTML5, devi prima capire un po' dei video stessi.

Potresti pensare ai file video come "file AVI" o "file MP4". In realtà, "AVI" e "MP4" sono solo formati contenitore. Proprio come un file ZIP può contenere qualsiasi tipo di file al suo interno, i formati dei contenitori video definiscono solo come memorizzare le cose al loro interno, non il tipo di dati archiviati.

Un file video di solito contiene più tracce: una traccia video (senza audio), oltre a una o più tracce audio (senza video). Le tracce sono generalmente correlate.

Una traccia audio contiene dei marcatori al suo interno per aiutare a sincronizzare l'audio con il video. Le singole tracce possono avere metadati, come le proporzioni di una traccia video o la lingua di una traccia audio. I contenitori possono anche contenere metadati, come il titolo del video stesso, la copertina del video, i numeri degli episodi (per i programmi televisivi) e così via.

Esistono molti formati di contenitori video. Alcuni dei più popolari includono:

- MPEG-4: Solitamente con estensione `.mp4` o `.m4v`. Il contenitore MPEG-4 è basato sul vecchio contenitore QuickTime di Apple (`.mov`).
- Flash Video: Di solito con estensione `.flv`. Flash Video è, ovviamente, utilizzato da Adobe Flash. Prima di Flash 9.0.60.184 questo era l'unico formato contenitore supportato da Flash. Le versioni più recenti di Flash

supportano anche il contenitore MPEG-4.

- Ogg: Solitamente con estensione .ogv. Ogg è uno standard che è compatibile con l'open source e non è ostacolato da alcun brevetto noto. Firefox, Chrome e Opera offrono un supporto nativo, senza plug-in specifici della piattaforma per il formato contenitore Ogg, video Ogg (chiamato "Theora") e audio Ogg (chiamato "Vorbis"). Sui sistemi desktop, Ogg è supportato da tutte le principali distribuzioni Linux e puoi usarlo su Mac e Windows installando rispettivamente i componenti QuickTime oi filtri DirectShow. È anche usabile con l'eccellente VLC su tutte le piattaforme.
- WebM: Con estensione .webm. WebM è un nuovo formato contenitore tecnicamente molto simile a un altro

formato chiamato Matroska. WebM è stato annunciato al Google I/O 2010. È progettato per essere utilizzato esclusivamente con il codec video VP8 e il codec audio Vorbis. È supportato in modo nativo, senza plug-in specifici della piattaforma in Google Chrome, Mozilla Firefox e Opera.

- Audio Video Interleave: Solitamente con estensione `.avi`. Il formato contenitore AVI è stato inventato da Microsoft molto tempo fa, quando il fatto che i computer potessero riprodurre video era considerato piuttosto sorprendente. Non supporta ufficialmente molte delle funzionalità dei formati contenitore più recenti e non supporta ufficialmente alcun tipo di metadata video. Non supporta nemmeno la maggior parte dei moderni codec video e audio in uso oggi. Nel tempo, varie aziende hanno cercato di estenderlo in modi generalmente incompatibili per bypassare alcuni difetti ma si tratta di un formato in disuso.

Codec video

Quando parli di "guardare un video", probabilmente stai parlando di una combinazione di uno stream video e uno stream audio. Ma non hai due file diversi; hai solo "il video". Forse è un file AVI o un file MP4 che, come descritto nella sezione precedente, sono solo formati contenitore, come un file ZIP che contiene più tipi di file al suo interno.

Il formato contenitore definisce come memorizzare i flussi video e audio in un singolo file. Quando "guardi un video", il tuo lettore video esegue diverse operazioni contemporaneamente:

- Interpretazione del formato contenitore per scoprire quali tracce video e audio sono disponibili e come sono memorizzate nel file in modo che possa trovare i dati che devono essere decodificati in seguito

- Decodificare il flusso video e visualizzare una serie di immagini sullo schermo
- Decodificare il flusso audio e inviare il suono agli altoparlanti

Un codec video è un algoritmo mediante il quale viene codificato un flusso video. Il lettore video decodifica il flusso video in base al codec video quindi visualizza una serie di immagini, o "frame", sullo schermo. La maggior parte dei codec video moderni utilizza tutti i tipi di trucchi per ridurre al minimo la quantità di informazioni necessarie per visualizzare un fotogramma dopo il successivo.

Ad esempio, invece di memorizzare ogni singolo fotogramma (come screenshot), memorizzano solo le differenze tra i fotogrammi. La maggior parte dei video in realtà non cambia molto da un fotogramma all'altro, quindi questo consente tassi di compressione elevati, che si traducono in file di dimensioni inferiori.

Esistono codec video lossy e lossless. Il video senza perdita di dati (lossless) è troppo grande per essere utile sul Web, quindi vediamo i codec con perdita di dati (lossy). Con un codec video con perdita di dati, le informazioni vengono irrimediabilmente perse durante la codifica.

Come quando si copiava una cassetta audio, ogni volta che si codifica si perdono le informazioni sul video sorgente e la qualità viene degradata. Invece del "sibilo" di una cassetta audio, un video ricodificato può apparire a blocchi, specialmente durante le scene con molto movimento.

Il lato positivo è che i codec video lossy possono offrire incredibili tassi di compressione e molti offrono trucchi per smussare quel blocco durante la riproduzione e rendere la perdita meno evidente all'occhio umano. Ci sono tantissimi codec video ma i tre codec più rilevanti sono H.264, Theora e VP8.

Codec audio

A meno che tu non ti limiti a film realizzati prima del 1927 o giù di lì, vorrai una traccia audio nel tuo video. Come i codec video, i codec audio sono algoritmi di codifica, in questo caso utilizzati per i flussi audio. Come con i codec video, esistono codec audio lossy e lossless. E come i video lossless, l'audio lossless è davvero troppo grande per essere messo sul Web, quindi esaminiamo i codec audio lossy.

In realtà, possiamo restringere ulteriormente il focus, perché ci sono diverse categorie di codec audio con perdita. L'audio viene utilizzato in diversi campi (telefonia, ad esempio) ed esiste un'intera categoria di codec audio ottimizzati per la codifica del parlato. Non copieresti un CD musicale con questi codec, perché il risultato sarebbe simile ad come un bambino di quattro anni che canta in vivavoce, li useresti in un **PBX Asterisk**, perché la larghezza di banda è preziosa e questi codec possono comprimere il linguaggio umano in una frazione delle dimensioni dei codec generici.

Tuttavia, a causa della mancanza di supporto sia nei browser nativi che nei plug-in di terze parti, i codec audio ottimizzati per il parlato non sono mai realmente decollati sul Web. Quindi mi concentrerò sui codec audio lossy generici.

Come accennato in precedenza, quando "guardi un video", il tuo computer esegue diverse operazioni contemporaneamente:

1. Interpretazione del formato contenitore
2. Decodifica del flusso video

3. Decodifica del flusso audio e invio del suono agli altoparlanti

Il codec audio specifica come eseguire il terzo step: decodificare il flusso audio e trasformarlo in forme d'onda digitali che gli altoparlanti poi trasformano in suono.

Come con i codec video, ci sono alcuni trucchi per ridurre al minimo la quantità di informazioni memorizzate nel flusso audio. E poiché stiamo parlando di codec audio con perdita di dati, le informazioni vengono perse durante la registrazione → codifica → decodifica → ciclo di vita dell'ascolto.

I codec audio diversi buttano via cose diverse, ma hanno tutti lo stesso scopo: indurre le tue orecchie a non notare le parti mancanti. Un concetto presente per l'audio ma che il video non ha, sono i canali. Stiamo inviando il suono ai tuoi altoparlanti, giusto? Bene, quanti altoparlanti hai? Se sei seduto al computer, potresti averne solo due: uno a sinistra e uno a destra.

Il mio desktop ne ha tre: sinistra, destra e un altro sul pavimento. I cosiddetti sistemi "surround" possono avere sei o più altoparlanti, posizionati strategicamente nella stanza, in tal caso, ogni altoparlante riceve un particolare canale della registrazione originale.

La teoria è che puoi sederti al centro dei sei altoparlanti, letteralmente circondato da sei canali di suono separati e il tuo cervello li sintetizza e ti fa sentire come se fossi nel mezzo dell'azione. Funziona? Un'industria multimiliardaria sembra pensarla così. La maggior parte dei codec audio generici può gestire due canali audio.

Durante la registrazione, il suono viene suddiviso in canali sinistro e destro; durante la codifica, entrambi i canali vengono memorizzati nello stesso flusso audio e durante la decodifica, entrambi i canali vengono decodificati e ciascuno viene inviato all'altoparlante appropriato. Alcuni codec audio possono gestire più di due canali e tengono traccia dei canali in modo che il lettore possa ricevere il suono giusto all'altoparlante corretto.

Ci sono molti codec audio, ma sul Web ce ne sono solo tre che devi conoscere: MP3, AAC e Vorbis.

Tag e HTML

Allora dov'è il markup? HTML5 ti offre due modi per includere video nella tua pagina web ed entrambi coinvolgono l'elemento `<video>`. Se hai solo un file video, puoi semplicemente collegarlo ad esso in un attributo `src`.

Ciò è notevolmente simile all'inclusione di un'immagine con un tag `<img src = "...">`.

```
<video src = "file.webm"></video>
```

Tecnicamente, è tutto ciò di cui hai bisogno. Ma proprio come in un tag `<img>`, dovresti sempre includere gli attributi `width` e `height` nei tag `<video>`. Tali attributi possono essere specificati durante il processo di codifica:

```
<video src = "file.webm" width = "320"
height = "240"></video>
```

Non preoccuparti se una dimensione del video è un po' più piccola di quella specificata. Il tuo browser centrerà il video all'interno della casella definita dal tag `<video>`. Non sarà mai stirato o sproporzionato.

Per impostazione predefinita, l'elemento `<video>` non esporrà alcun tipo di controllo del lettore. Puoi creare i tuoi controlli con semplici HTML, CSS e JavaScript. L'elemento `<video>` ha metodi integrati come `play()` e `pause()` e una proprietà di lettura / scrittura chiamata `current Time`. Sono inoltre disponibili le proprietà `volume` e `muted` quindi hai davvero tutto ciò di cui hai bisogno per costruire la tua interfaccia.

Se non desideri creare la tua interfaccia, puoi dire al browser di visualizzare un insieme di controlli integrati. Per fare ciò, includi l'attributo `controls` nel tag `<video>`:

```
<video src = "file.webm" width = "320"
height = "240" controls> </video>
```

Ci sono altri due attributi facoltativi che desidero menzionare: `preload` e `autoplay`. L'attributo `preload` dice al browser che desideri che inizi a scaricare il file video non appena la pagina viene caricata. Questo ha senso se l'unico scopo della pagina è visualizzare il video. D'altra parte, se si tratta solo di materiale supplementare che solo pochi visitatori guarderanno, puoi impostare il `preload` su `none` per dire al browser di ridurre al minimo il traffico di rete.

Ecco un esempio di un video che inizierà il download (ma non la riproduzione) non appena la pagina verrà caricata:

```
<video src = "file.webm" width = "320"
height = "240" preload> </video>
```

Ed ecco un esempio di un video che non inizierà il download non appena la pagina viene caricata:

```
<video src = "file.webm" width = "320"
height = "240" preload = "none">
</video>
```

L'attributo autoplay è auto-esplicativo: dice al browser che desideri iniziare a scaricare il file video non appena viene caricata la pagina e che desideri iniziare la riproduzione del video automaticamente il prima possibile. Alcune persone lo adorano; alcune persone lo odiano ma lasciami spiegare perché è importante avere un attributo come questo in HTML5.

Ecco un esempio di un video che inizierà a essere scaricato e riprodotto il prima possibile dopo il caricamento della pagina:

```
<video src = "file.webm" width = "320"
height = "240" autoplay> </video>
```

Capitolo 3:

Geolocalizzazione

La geolocalizzazione è l'arte di capire dove ti trovi nel mondo e in modo facoltativo condividere tali informazioni con persone di cui ti fidi.

La geolocalizzazione sembra spaventosa, è possibile disattivarla? La privacy è un tema molto importante quando si tratta di condividere la tua posizione fisica con un server web remoto. L'API di geolocalizzazione afferma esplicitamente: "Gli user-agent non devono inviare informazioni sulla posizione ai siti Web senza l'espresso consenso dell'utente". In altre parole, se non desideri condividere la tua posizione, non è necessario.

L'API di geolocalizzazione ti consente di condividere la tua posizione con siti Web affidabili. La latitudine e la longitudine sono disponibili sulla pagina per JavaScript, che a sua volta può inviare tali informazioni al server web remoto e fare cose interessanti, riconoscono la posizione e possono trovare attività commerciali locali o mostrare la tua posizione su una mappa. L'API di geolocalizzazione è supportata in molti dei principali browser su desktop e dispositivi mobile. Inoltre, alcuni browser e dispositivi meno recenti possono essere supportati dalle librerie wrapper. Oltre al supporto per l'API di geolocalizzazione standard, ci sono una miriade di API specifiche per dispositivo su altre piattaforme mobile.

L'API di geolocalizzazione è incentrata su una nuova proprietà dell'oggetto globale `navigator`: `navigator.geolocation`. L'utilizzo più semplice dell'API di geolocalizzazione è simile a questo:

```
function geolocalizza() {
navigator.geolocation.getCurrentPosition
(mostra_mappa);
}
```

Come ho accennato all'inizio di questo capitolo, il supporto per la geolocalizzazione è opt-in, ciò significa che il tuo browser non ti costringerà mai a rivelare la tua posizione fisica attuale a un server remoto.

L'esperienza utente varia da browser a browser. In Mozilla Firefox, chiamando la funzione getCurrentPosition() dell'API geolocation, il browser visualizzerà una "barra delle informazioni" nella parte superiore della finestra del browser.

In qualità di utente finale, tu:

- sarai informato che un sito web vuole conoscere la tua posizione
- sarai informato su quale sito web vuole conoscere la tua posizione
- puoi fare clic sulla pagina di aiuto di Mozilla, che spiega cosa sta succedendo
- puoi scegliere di condividere la tua posizione
- puoi scegliere di non condividere la tua posizione
- puoi dire al tuo browser di ricordare la tua scelta (di condividere o non condividere) in modo da non vedere mai più questa barra delle informazioni su questo sito Web

Inoltre, questa barra delle informazioni è:

- non modale, quindi non ti impedirà di passare a un'altra finestra o scheda del browser

- specifica per scheda, quindi scomparirà se passi a un'altra finestra o scheda del browser e riapparirà quando torni alla scheda originale

- incondizionata, quindi non c'è un modo per aggirarla

- bloccante, quindi non c'è la possibilità che il sito web possa determinare la tua posizione mentre è in attesa della tua risposta

Callback

Hai appena visto il codice JavaScript che fa apparire questa barra delle informazioni. È una singola chiamata di funzione che accetta una funzione di callback (che ho chiamato `mostra_mappa()`). La chiamata a `getCurrentPosition()` restituirà il controllo al chiamante immediatamente, ma ciò non significa che tu abbia accesso alla posizione dell'utente. La prima volta che hai la certezza di avere le informazioni sulla posizione è nella funzione di callback, che nel mio caso ha questo aspetto:

```
function mostra_mappa(position) {
  var latitudine =
position.coords.latitude;
  var longitudine =
position.coords.longitude;
  // usa questi dati in modo interessante
}
```

La funzione di callback verrà chiamata con un unico parametro, un oggetto con due proprietà: `coords` e `timestamp`. Il timestamp è proprio questo, la data e l'ora in cui è stata calcolata la posizione. Poiché tutto questo avviene in modo asincrono, non puoi sapere in anticipo quando accadrà. Potrebbe essere necessario del tempo prima che l'utente legga la barra delle informazioni e accetti di condividere la sua posizione, i dispositivi potrebbero richiedere del tempo per connettersi a un satellite GPS ecc.

L'oggetto `coords` ha proprietà come `latitude` e `longitude` che rappresentano la posizione fisica dell'utente nel mondo.

Errori

La geolocalizzazione è complicata, tante cose possono andare storte. Se la tua applicazione web ha bisogno della posizione dell'utente ma l'utente non vuole fornirla, cosa fare? L'utente vince sempre. Ma come appare nel codice?

Il secondo argomento della funzione `getCurrentPosition()` accetta una funzione di callback per la gestione degli errori:

```
navigator.geolocation.getCurrentPosition
(mostra_mappa, gestisci_errore)
```

Se qualcosa va storto, la tua funzione di callback di errore verrà chiamata con un oggetto `PositionError`, composto da `code` e `message`. La proprietà `code` sarà una delle seguenti:

- `PERMISSION_DENIED` (1) se l'utente fa clic sul pulsante "Non condividere" o ti nega in altro modo l'accesso alla sua posizione.

- `POSITION_UNAVAILABLE` (2) se la rete è inattiva o non è possibile contattare i satelliti di posizionamento.

- `TIMEOUT` (3) se la rete è attiva ma impiega troppo tempo per calcolare la posizione dell'utente.

- `UNKNOWN_ERROR` (0) se qualcos'altro va storto.

Alta precisione

Alcuni dispositivi mobile, come iPhone e telefoni Android, supportano due metodi per capire dove ti trovi. Il primo metodo triangola la tua posizione in base alla tua vicinanza a diverse torri cellulari gestite dal tuo operatore telefonico. Questo metodo è veloce e non richiede alcun hardware GPS dedicato ma ti dà solo un'idea approssimativa di dove ti trovi. A seconda di quante torri cellulari ci sono nella tua zona, questa "idea approssimativa" potrebbe essere precisa fino a un solo isolato o fino a un chilometro in ogni direzione.

Il secondo metodo utilizza effettivamente hardware GPS dedicato sul dispositivo per parlare con satelliti di posizionamento GPS dedicati e in orbita attorno alla Terra. Solitamente il GPS può localizzare la tua posizione con un errore di pochi metri. Lo svantaggio è che il chip GPS dedicato sul tuo dispositivo assorbe molta energia, quindi i telefoni e altri dispositivi mobili generici di solito disattivano questa funzione finché non è necessaria.

Ciò significa che ci sarà un ritardo nell'avvio fino a quando il chip inizializza la sua connessione con i satelliti GPS nel cielo. Se hai mai utilizzato Google Maps su un iPhone o un altro smartphone, hai visto entrambi i metodi all'opera. Prima vedi un cerchio che approssima la tua posizione (trovando la torre cellulare più vicina), poi un cerchio più piccolo (triangolando con altre torri cellulari), quindi un singolo punto con una posizione esatta (data dai satelliti GPS).

Il motivo per cui lo menziono è che, a seconda dell'applicazione Web, potrebbe non essere necessaria un'elevata precisione.

La funzione `getCurrentPosition()` accetta un terzo argomento opzionale, un oggetto `PositionOptions`. Sono disponibili diverse proprietà che è possibile impostare in questo oggetto e sono tutte opzionali; puoi impostarne una, tutte o nessuna. La proprietà `enableHighAccuracy`, se impostata su `true`, il dispositivo può supportarlo e l'utente acconsente a condividere la sua posizione esatta, consentirà al dispositivo di fornire alta precisione.

La proprietà `timeout`, invece, specifica il numero di millisecondi che la tua applicazione web è disposta ad attendere per ottenere la posizione. Questo timer non inizia il conto alla rovescia fino a quando l'utente non dà il permesso di provare a calcolare la sua posizione. Non stai cronometrando l'utente; stai cronometrando la rete.

Capitolo 4: Local storage

L'archiviazione locale persistente (local storage) è una delle aree in cui le applicazioni client native hanno tradizionalmente mantenuto un vantaggio rispetto alle applicazioni web. Per le applicazioni native, il sistema operativo fornisce in genere un livello di astrazione per archiviare e recuperare dati specifici dell'applicazione come le preferenze o lo stato di runtime.

Questi valori possono essere memorizzati nel registro, nei file INI, nei file XML o in qualche altro posto, in base alla convenzione della piattaforma. Se l'applicazione client nativa necessita di archiviazione locale oltre le coppie chiave / valore, è possibile incorporare il proprio database, inventare un proprio formato di file o implementare un numero qualsiasi di altre soluzioni.

Storicamente, le applicazioni web non hanno mai avuto nessuno di questi privilegi. I cookie sono stati inventati all'inizio del Web e in effetti possono essere utilizzati per l'archiviazione locale persistente di piccole quantità di dati. Ma hanno molti aspetti negativi potenzialmente dannosi:

- sono inclusi in ogni richiesta HTTP, rallentando così la tua applicazione web trasmettendo inutilmente gli stessi dati più e più volte.

- sono inclusi in ogni richiesta HTTP, inviando così dati non crittografati su Internet (a meno che l'intera applicazione web non sia servita su SSL).

- sono limitati a circa 4 KB di dati, sufficienti per rallentare l'applicazione, ma non sufficienti per essere utili.

Quello che vogliamo veramente è:

- tanto spazio di archiviazione sul client
- che persista nonostante un aggiornamento della pagina
- non venga trasmesso al server.

Ci sono stati diversi tentativi per raggiungere questo obiettivo, tutti alla fine insoddisfacenti in modi diversi. Quello che io chiamo "HTML5 Storage" è in realtà una specifica chiamata Web Storage. Un tempo faceva parte della specifica HTML5 vera e propria, ma è stata suddivisa in una specifica propria per motivi politici poco interessanti. Alcuni fornitori di browser lo chiamano anche "Archiviazione locale" o "Archiviazione DOM".

Allora, cos'è lo storage HTML5? In poche parole, è un modo per le pagine web di memorizzare le coppie chiave / valore denominate localmente, all'interno del browser web del client.

Come i dati memorizzati nei cookie, questi dati restano disponibili anche dopo aver chiuso la scheda del browser, essere uscito dal browser o altro. Ma a differenza dei cookie, questi dati non vengono mai trasmessi al server web remoto (a meno che tu non faccia di tutto per inviarli manualmente).

A differenza di tutti i precedenti tentativi di fornire archiviazione locale persistente, è implementato in modo nativo nei browser Web. HTML5 è supportato dalle ultime versioni di quasi tutti i browser... anche Internet Explorer! Dal tuo codice JavaScript, accederai allo storage HTML5 tramite l'oggetto `localStorage` nell'oggetto globale `window`.

Come usarlo

Prima di poterlo utilizzare, è necessario rilevare se il browser lo supporta:

```
function supporta_html5_storage() {
 return ('localStorage' in window) &&
window['localStorage'] !== null;
}
```

L'archiviazione HTML5 si basa su coppie chiave / valore denominate. Memorizza i dati in base a una chiave denominata, quindi puoi recuperarli con la stessa chiave:

```
interface Storage {
 getter any getItem(in DOMString key);
 setter creator void setItem(in
DOMString key, in any data);
};
```

I dati possono essere di qualsiasi tipo supportato da JavaScript, incluse stringhe, booleani, interi o float, tuttavia, i dati vengono effettivamente memorizzati come stringa. Se stai archiviando e recuperando qualcosa di diverso da stringhe, dovrai usare funzioni come `parseInt()` o `parseFloat()` per forzare i dati recuperati nel tipo di dati JavaScript previsto.

La chiamata a `setItem()` con una chiave già esistente sovrascriverà il valore precedente senza alcun avviso. La chiamata a `getItem()` con una chiave inesistente restituirà `null` anziché generare un'eccezione.

Come altri oggetti JavaScript, puoi trattare l'oggetto `localStorage` come un array associativo. Invece di usare i metodi `getItem()` e `setItem()`, puoi semplicemente usare le parentesi quadre. Ad esempio, questo snippet di codice:

```
var test =
localStorage.getItem("prova");
// ...
localStorage.setItem("prova", test);
```

```
// equivale a...

var test = localStorage["prova"];
// ...
localStorage["prova"] = test;
```

Esistono anche metodi per rimuovere il valore
per una determinata chiave e cancellare
l'intera area di archiviazione (ovvero,
eliminare tutte le chiavi e i valori
contemporaneamente):

```
interface Storage {
 deleter void removeItem(in DOMString
key);
 void clear();
};
```

Chiamare removeItem() con una chiave
inesistente non farà nulla. Infine, c'è una
proprietà per ottenere il numero totale di valori
nell'area di archiviazione e per iterare tutte le
chiavi per indice (per ottenere il nome di
ciascuna chiave):

```
interface Storage {
 readonly attribute unsigned long
length;
 getter DOMString key(in unsigned long
index);
};
```

Limiti

Tuttavia, anche questo meccanismo non è esente da problemi. Per impostazione predefinita, ogni sito di origine riceve 5 MB come spazio di archiviazione. Questo aspetto è sorprendentemente coerente tra i browser, sebbene sia solo un suggerimento nelle specifiche di archiviazione HTML5.

Una cosa da tenere a mente è che stai archiviando stringhe e non dati nel loro formato originale. Se stai memorizzando molti numeri interi o float, la differenza nella rappresentazione può davvero essere importante: ogni cifra in un float viene memorizzata come un carattere e non nella normale rappresentazione di un numero in virgola mobile.

Se superi la quota di archiviazione, verrà generata un'eccezione di tipo `QUOTA_EXCEEDED_ERR`. Ti starai chiedendo: "Posso chiedere all'utente più spazio di archiviazione?" Al momento, nessun browser supporta alcun meccanismo per consentire agli sviluppatori web di richiedere più spazio di archiviazione. Alcuni browser, come Opera, consentono all'utente di controllare la quota di archiviazione di ogni sito ma è un'azione avviata dall'utente, non qualcosa che tu come sviluppatore web puoi incorporare nella tua applicazione.

Capitolo 5: Applicazioni offline

Cos'è un'applicazione web offline? A prima vista, sembra una contraddizione di termini. Le pagine Web sono pagine che scarichi e visualizzi e il download implica una connessione di rete. Come puoi scaricare una pagina se sei offline?

Certo che non puoi ma puoi scaricarla quando sei online ed è così che funzionano le applicazioni offline HTML5. Nella sua forma più semplice, un'applicazione web offline è solo un elenco di URL che puntano a file HTML, CSS o JavaScript, immagini o qualsiasi altro tipo di risorsa che potrebbe essere presente. La home page dell'applicazione web offline punta a questo elenco, chiamato file manifest, che è solo un file di testo situato altrove sul server web.

Un browser Web che implementa le applicazioni offline HTML5 leggerà l'elenco degli URL dal file manifest, scaricherà le risorse, le memorizzerà nella cache locale e manterrà automaticamente aggiornate le copie locali man mano che cambiano. Quando si tenta di accedere all'applicazione Web senza una connessione di rete, il browser Web passerà automaticamente all'uso delle copie locali. Da quel momento in poi, la maggior parte del lavoro dipende da te, come sviluppatore web.

C'è un flag nel DOM che ti dirà se sei online o offline e ci sono eventi che si attivano quando il tuo stato cambia (perché un minuto potresti essere offline e il minuto successivo online, o viceversa).

Se la tua applicazione crea dati o salva lo stato, spetta a te memorizzare i dati in locale quando sei offline e sincronizzarli con il server remoto una volta ritornato online. In altre parole, HTML5 può portare offline la tua applicazione web ma ciò che fai una volta che sei lì dipende da te.

Cache

Un'applicazione Web offline ruota attorno a un file manifest della cache. Come ho già detto, questo file è un elenco di tutte le risorse a cui la tua applicazione web potrebbe aver bisogno di accedere quando è disconnessa dalla rete. Per avviare il processo di download e memorizzazione nella cache di queste risorse, devi puntare al file manifest, utilizzando l'attributo manifest sul tuo elemento `<html>`:

```
<!DOCTYPE HTML>
<html manifest="/cache.manifest">
<body>
...
</body>
</html>
```

Il file manifest della cache può essere posizionato ovunque sul server Web, ma deve essere servito con il tipo di contenuto `text/cache-manifest`. Se stai utilizzando un server web basato su Apache, probabilmente puoi semplicemente inserire una direttiva `AddType` nel file `.htaccess` nella tua directory web principale:

```
AddType text/cache-manifest .manifest
```

Quindi assicurati che il nome del file manifest della cache termini con `.manifest`. Se utilizzi un server web diverso o una configurazione diversa di Apache, consulta la documentazione del tuo server sul controllo dell'intestazione `Content-Type`.

OK, quindi ognuna delle tue pagine HTML punta al file manifest della cache e il file manifest della cache viene servito con l'intestazione `Content-Type` appropriata.

Ma cosa c'è nel file manifest? È qui che le cose si fanno interessanti. La prima riga di ogni file manifest della cache è questa:

CACHE MANIFEST

Dopodiché, tutti i file manifest sono divisi in tre parti: la sezione "esplicita", la sezione "fallback" e la "whitelist online". Ogni sezione ha un'intestazione, su una propria riga. Se il file manifest non ha intestazioni relative alla sezione, tutte le risorse elencate sono implicitamente nella sezione "esplicita".

Cerca di non soffermarti sulla terminologia, ecco un file manifest valido che elenca tre risorse: un file CSS, un file JavaScript e un'immagine JPEG:

```
CACHE MANIFEST

/orologio.css

/orologio.js

/orologio-img.jpg
```

Questo file manifest della cache non ha intestazioni di sezione, quindi tutte le risorse elencate sono nella sezione "esplicita" per impostazione predefinita. Le risorse nella sezione "esplicita" verranno scaricate e memorizzate nella cache locale e verranno utilizzate al posto delle loro controparti online ogni volta che ci si disconnette dalla rete.

Pertanto, al caricamento di questo file manifest della cache, il browser scaricherà `orologio.css`, `orologio.js` e `orologio-img.jpg` dalla directory principale del server web. È quindi possibile scollegare il cavo di rete, aggiornare la pagina e tutte queste risorse saranno disponibili offline.

Devo elencare le mie pagine HTML nel file manifest della cache? Sì e no. Se l'intera applicazione Web è contenuta in una singola pagina, assicurati che la pagina punti al manifest della cache utilizzando l'attributo appropriato. Quando si accede a una pagina HTML con un attributo manifest, si presume che la pagina stessa faccia parte dell'applicazione web, quindi non è necessario elencarla nel file manifest stesso.

Tuttavia, se la tua applicazione web occupa più pagine, dovresti elencare tutte le pagine HTML nel file manifest; altrimenti il browser non saprà che ci sono altre pagine HTML che devono essere scaricate e memorizzate nella cache.

Fallback

C'è un altro tipo di sezione in un file manifest della cache: una sezione di fallback. In questa sezione, puoi definire le sostituzioni per le risorse online che, per qualsiasi motivo, non possono essere memorizzate nella cache o non sono state memorizzate correttamente nella cache. La specifica HTML5 offre questo esempio di utilizzo di una sezione di fallback:

```
CACHE MANIFEST

FALLBACK:

/ /offline.html
```

Cosa fa questo codice? Innanzitutto, considera un sito che contiene milioni di pagine, come Wikipedia. Non potresti scaricare l'intero sito, né vorresti farlo ma supponiamo di poter rendere disponibile una parte di esso offline. Come decideresti quali pagine memorizzare nella cache?

Che ne dici di questo: ogni pagina che hai visitato su Wikipedia abilitata offline verrebbe scaricata e memorizzata nella cache. Ciò includerebbe ogni voce dell'enciclopedia che tu abbia mai visitato, ogni pagina di discussione e ogni pagina di modifica (dove puoi effettivamente apportare modifiche a quella particolare voce). Questo è ciò che fa questo file manifest della cache.

Supponiamo che ogni pagina HTML su Wikipedia (voce, pagina di discussione, pagina di modifica, pagina di cronologia) puntasse a questo file manifest della cache. Quando visiti una pagina che punta a un manifest della cache, il tuo browser dice: "Questa pagina fa parte di un'applicazione web offline, ne sono a conoscenza?".

Se il tuo browser non ha mai scaricato questo particolare file manifest della cache, configurerà una nuova cache, scaricherà tutte le risorse elencate nel manifest della cache, quindi aggiungerà la pagina corrente a alla cache appena creata. Se il tuo browser conosce questo manifest della cache, aggiungerà semplicemente la pagina corrente alla cache esistente.

In ogni caso, la pagina che hai appena visitato finisce nella cache ed è questo l'importante. Significa che puoi avere un'applicazione web offline che aggiunge "pigramente" le pagine mentre le visiti. Non è necessario elencare tutte le tue pagine HTML nel file manifest della cache. La sezione fallback in questo manifest della cache contiene solo una riga.

La prima parte della riga (prima dello spazio) non è un URL, è un pattern URL. Il singolo carattere (/) corrisponderà a qualsiasi pagina del tuo sito, non solo alla home page. Quando provi a visitare una pagina mentre sei offline, il tuo browser la cercherà nella cache.

Se il tuo browser trova la pagina nella cache (perché l'hai visitata mentre sei online e la pagina è stata implicitamente aggiunta in quel momento), visualizzerà la copia cache della pagina. Se il tuo browser non trova la pagina nella cache, invece di visualizzare un messaggio di errore, visualizzerà la pagina `/offline.html`, come specificato nella seconda metà della riga nella sezione di fallback.

Questo esempio è completo? No. Wikipedia non è composto solo da semplici file HTML; utilizza CSS, JavaScript e immagini comuni su ogni pagina. Ognuna di queste risorse dovrebbe essere elencata esplicitamente nella sezione `CACHE`: del file manifest affinché le pagine vengano visualizzate e si comportino correttamente offline. Ma l'obiettivo della sezione fallback è che puoi avere un'applicazione web offline che si estende oltre le risorse che hai elencato esplicitamente nel file manifest.

Capitolo 6: Tipi di input

HTML5 definisce oltre una dozzina di nuovi tipi di input che puoi utilizzare nei tuoi form. Tutte queste nuove ed entusiasmanti funzionalità potrebbero non essere supportate in tutti i browser ma nei browser moderni, non dovresti avere problemi. Nei browser legacy, i tuoi form continueranno a funzionare, ma potrebbero avere qualche problema.

Ora esamineremo in dettaglio le funzionalità dei nuovi controlli del form, che sono stati aggiunti in HTML5 per consentire la raccolta di specifici tipi di dati. Poiché l'aspetto del controllo del form HTML può essere molto diverso dalle specifiche di un designer, gli sviluppatori Web a volte creano i propri controlli del form in modo personalizzato.

e-mail

Questo tipo di campo viene impostato utilizzando il valore email per l'attributo type:

```
<input type = "email" id = "email" name =
"email">
```

Quando viene utilizzato questo tipo, l'utente deve digitare un indirizzo e-mail valido nel campo. Qualsiasi altro contenuto fa sì che il browser visualizzi un errore quando il form viene inviato.

Su alcuni dispositivi, in particolare i dispositivi touch con tastiere dinamiche come gli smartphone, potrebbe essere presentata una tastiera virtuale diversa e più adatta per l'inserimento di indirizzi e-mail, che include il tasto @. Questo è un altro buon motivo per utilizzare questi nuovi tipi di input, migliorando l'esperienza utente per gli utenti di questi dispositivi.

L'e-mail, insieme ad altri tipi di input più recenti, fornisce la convalida degli errori lato client integrata, eseguita dal browser prima che i dati vengano inviati al server. È un aiuto utile per guidare gli utenti a compilare accuratamente un form e può far risparmiare tempo: è utile sapere che i tuoi dati non sono corretti immediatamente, piuttosto che dover aspettare una verifica lato server.

Ma non dovrebbe essere considerata una misura di sicurezza esaustiva! Le tue app dovrebbero sempre eseguire controlli di sicurezza su tutti i dati inviati tramite form sia lato server che lato client, poiché la convalida lato client è troppo facile da disattivare, quindi gli utenti malintenzionati possono comunque inviare facilmente dati non validi al tuo server.

Tieni presente che `a@b` è un indirizzo e-mail valido in base ai vincoli forniti di default. Ciò è dovuto al fatto che il tipo di input di posta elettronica consente gli indirizzi di posta elettronica intranet per impostazione predefinita. Per implementare un diverso comportamento di convalida, puoi utilizzare l'attributo `pattern` e puoi anche personalizzare i messaggi di errore.

search

I campi di ricerca devono essere utilizzati per creare caselle di ricerca su pagine e app. Questo tipo di campo viene impostato utilizzando il valore `search` per l'attributo `type`:

```
<input type = "search" id = "search"
name = "search">
```

La differenza principale tra un campo di testo e un campo di ricerca è il modo in cui il browser ne definisce l'aspetto. Spesso, i campi di ricerca vengono visualizzati con bordi arrotondati; a volte visualizzano anche un ⊗, che cancella qualsiasi valore dal campo quando viene cliccato.

Inoltre, sui dispositivi con tastiere dinamiche, il tasto Invio della tastiera potrebbe diventare "Cerca" o visualizzare un'icona a forma di lente di ingrandimento. Un'altra caratteristica degna di nota è che i valori di un campo di ricerca possono essere salvati automaticamente e riutilizzati per offrire il completamento automatico su più pagine dello stesso sito web; questo accade automaticamente nella maggior parte dei browser moderni.

tel

È possibile creare un campo speciale per inserire i numeri di telefono utilizzando `tel` come valore dell'attributo `type`:

```
<input type = "tel" id = "tel" name =
"tel">
```

Quando si accede tramite un dispositivo touch con una tastiera dinamica, la maggior parte dei dispositivi visualizzerà un tastierino numerico quando viene rilevato `type = "tel"`, il che significa che questo tipo è utile ogni volta che serve un tastierino numerico.

A causa dell'ampia varietà di formati di numeri di telefono in tutto il mondo, questo tipo di campo non impone alcun vincolo sul valore inserito da un utente (questo significa che può includere lettere, ecc.). Come accennato in precedenza, l'attributo `pattern` può essere utilizzato per applicare vincoli.

number

I controlli per l'immissione di numeri possono essere creati con un tipo di numero `<input>`. Questo tipo di input ha l'aspetto di un campo di testo ma consente l'inserimento solo di numeri a virgola mobile e in genere fornisce pulsanti sotto forma di una casella di selezione per aumentare e diminuire il valore del controllo. Sui dispositivi con tastiere dinamiche, generalmente viene visualizzata la tastiera numerica.

Con il tipo di input numerico, è possibile vincolare i valori minimo e massimo consentiti impostando gli attributi `min` e `max`.

È inoltre possibile utilizzare l'attributo `step` per impostare di quanto aumentare e diminuire il valore selezionato. Per impostazione predefinita, il tipo di input `number` convalida solo se il numero è un numero intero.

Per consentire i numeri in virgola mobile, specificare `step = "any"`. Se omesso, il valore predefinito è 1, il che significa che sono validi solo i numeri interi.

Diamo un'occhiata ad alcuni esempi, vediamo come creare un controllo numerico il cui valore è limitato a qualsiasi valore compreso tra 1 e 10 e i cui pulsanti cambiano il suo valore di 2:

```
<input type = "number" name = "eta" id =
"eta" min = "1" max = "10" step = "2">
```

Capitolo 7: Microdata

Ci sono più di 100 elementi in HTML5, alcuni sono puramente semantici e altri sono solo contenitori per API con script. In tutta la storia dell'HTML, gli esperti di standard hanno discusso su quali elementi dovrebbero essere inclusi nel linguaggio. L'HTML dovrebbe includere un elemento `<figure>`? Un elemento `<person>`?

Vengono prese le decisioni, scritte le specifiche e gli sviluppatori le implementano e il Web diventa un posto migliore. Ovviamente, l'HTML non può piacere a tutti.

Ad esempio, non è presente alcun elemento `<person>` in HTML5. Non c'è nulla che ti impedisca di includere un elemento `<person>` in una pagina web, ma non sarà convalidato, non funzionerà in modo coerente su tutti i browser e potrebbe entrare in conflitto con le specifiche HTML future se venisse aggiunto in seguito. Quindi, se inventare i propri elementi non è la risposta, cosa deve fare un autore web incline alla semantica?

Ci sono stati tentativi di estendere le versioni precedenti di HTML. Il metodo più popolare è tramite l'uso dei microformati, che utilizzano gli attributi `class` e `rel` in HTML 4. Un'altra opzione è RDFa, che era stato originariamente progettato per essere utilizzato in XHTML. Sia i microformati che RDFa hanno i loro punti di forza e di debolezza, adottano approcci radicalmente diversi verso lo stesso obiettivo: estendere le pagine web con semantica aggiuntiva che non fa parte del linguaggio HTML di base.

Voglio concentrarmi su una terza opzione che fa parte e strettamente integrata nello stesso HTML5: i microdati.

Come funziona?

I microdati annotano il DOM con coppie
nome/valore che fungono da vocabolari
personalizzati. Ora cosa significa? I microdati
sono incentrati sui vocabolari personalizzati.
Pensa al "set di tutti gli elementi HTML5"
come a un vocabolario, esso include elementi
per rappresentare una sezione o un articolo,
ma non include elementi per rappresentare
una persona o un evento.

Se vuoi rappresentare una persona su una
pagina web, dovrai definire il tuo vocabolario.
I microdati ti consente di farlo infatti chiunque
può definire un vocabolario di microdati e
iniziare a incorporare proprietà personalizzate
nelle proprie pagine web. La prossima cosa
da sapere sui microdati è che funziona con le
coppie nome / valore. Ogni vocabolario dei

microdati definisce un insieme di proprietà denominate.

Ad esempio, un vocabolario Person potrebbe definire proprietà come nome e foto. Per includere una proprietà di microdati specifica nella tua pagina web, devi fornire il nome della proprietà in un luogo specifico. A seconda di dove si dichiara il nome della proprietà, i microdati hanno regole su come estrarre il valore della proprietà.

Insieme alle proprietà denominate, i microdati si basano in gran parte sul concetto di "scoping". Il modo più semplice per pensare all'ambito dei microdati è pensare alla naturale relazione genitore-figlio degli elementi nel DOM. L'elemento `<html>` di solito contiene due figli, `<head>` e `<body>`. L'elemento `<body>` di solito contiene più elementi secondari, ognuno dei quali può avere elementi figlio propri. Ad esempio, la tua pagina potrebbe includere un elemento `<h1>` all'interno di un elemento `<hgroup>` all'interno di un elemento `<header>` all'interno dell'elemento `<body>`. Allo stesso modo, una tabella dati potrebbe contenere elementi `<td>` all'interno di `<tr>` elementi all'interno di un elemento `<table>` (all'interno del `<body>`).

I microdati riutilizzano la struttura gerarchica del DOM stesso per fornire un modo per dire "tutte le proprietà all'interno di questo elemento sono prese da questo vocabolario". Ciò consente di utilizzare diversi vocabolari di microdati sulla stessa pagina. Puoi persino annidare i vocabolari dei microdati all'interno di altri vocabolari, il tutto riutilizzando la struttura naturale del DOM.

I microdati riguardano l'applicazione di semantica aggiuntiva ai dati già visibili sulla tua pagina web, infatti, non sono progettati per essere un formato dati autonomo.

Si tratta di un complemento all'HTML, infatti, i microdati funzionano meglio quando stai già utilizzando HTML correttamente ma il vocabolario HTML non è abbastanza espressivo.

I microdati sono ottimi per mettere a punto la semantica dei dati già presenti nel DOM. Se i dati che stai "semantificando" non fossero nel DOM, dovresti fare un passo indietro e rivalutare se i microdati sono la soluzione giusta.

Modello dei microdati

Definire il proprio vocabolario dei microdati è molto facile. Per prima cosa hai bisogno di uno spazio dei nomi, che è solo un URL. L'URL dello spazio dei nomi può puntare a una pagina web funzionante, anche se non è strettamente necessario.

Supponiamo che io voglia creare un vocabolario di microdati che descriva una persona. Se possiedo il dominio `pippo.org`, userò l'URL `https://pippo.org/Person` come spazio dei nomi per il mio vocabolario dei microdati. Questo è un modo semplice per creare un identificatore univoco globale: scegli un URL su un dominio che controlli.

In questo vocabolario, ho bisogno di definire alcune proprietà, ognuna associata ad un nome. Cominciamo con tre proprietà di base:

- nome (il nome completo dell'utente)
- foto (un link a un'immagine dell'utente)
- url (un collegamento a un sito associato all'utente, come un blog o un profilo Google)

Due di queste proprietà sono URL mentre l'altra è del semplice testo. Ognuna di esse si presta a una forma naturale di markup, anche prima di iniziare a pensare a microdati o vocabolari.

Immagina di avere una pagina profilo o una pagina "Informazioni". Il tuo nome è probabilmente contrassegnato come un'intestazione, come un elemento `<h1>`. La tua foto è probabilmente un elemento `<img>`, dal momento che vuoi che le persone la vedano e tutti gli URL associati al tuo profilo sono probabilmente già contrassegnati come collegamenti ipertestuali, perché desideri che gli utenti possano fare clic su di essi.

Supponiamo che l'intero profilo sia anche racchiuso in un elemento `<section>` per separarlo dal resto del contenuto della pagina. Quindi:

```
<section>
  <h1>Mario Rossi</h1>
  <p><img
src="https://www.miosito.org/foto.jpg"
alt="mia foto"></p>
  <p><a
href="https://miosito.org/">Informazioni
</a></p>
</section>
```

Il modello di dati è costituito da coppie nome / valore. Un nome di proprietà dei microdati (come nome, foto o URL in questo esempio) è sempre dichiarato su un elemento HTML. Il valore della proprietà corrispondente viene quindi preso dal DOM dell'elemento. Per la maggior parte degli elementi HTML, il valore della proprietà è semplicemente il contenuto di testo dell'elemento.

"Aggiungere microdati" alla tua pagina rimanda ad aggiungere alcuni attributi agli elementi HTML che hai già. La prima cosa è dichiarare il vocabolario dei microdati che stai utilizzando, aggiungendo un attributo `itemtype`.

La seconda cosa è dichiarare l'ambito del vocabolario, utilizzando un attributo `itemscope`.

In questo esempio, tutti i dati che vogliamo semantificare sono in un elemento `<section>`, quindi dichiareremo gli attributi `itemtype` e `itemscope` sull'elemento `<section>`:

```
<section itemscope itemtype =
"https://miosito.org/Person">
```

Il tuo nome è il primo set di dati all'interno dell'elemento `<section>`, è racchiuso in un elemento `<h1>`. Vediamo il codice:

```
<h1 itemprop = "name"> Mario Rossi </h1>
```

Questo dice: "Qui si trova la proprietà `name` : `https://miosito.org/Person`. Il valore della proprietà è `Mario Rossi`."

Il prossimo elemento da analizzare è la proprietà `photo` che dovrebbe essere un URL. Il "valore" di un elemento `<img>` è il suo attributo `src`. Ehi, guarda, l'URL della tua foto del profilo è già in un attributo `<img src>` quindi tutto quello che devi fare è dichiarare che l'elemento `<img>` è la proprietà di `photo`:

```
<p> <img itemprop = "photo" src = "https://www.miosito.org/foto.jpg" alt = "mia foto"> </p>
```

In inglese, questo dice: "Ecco la proprietà `photo` del vocabolario `https://miosito.org/Person`".

Il valore della proprietà è "https://www.miosito.org/foto.jpg".

Infine, anche la proprietà url è un URL e il "valore" di un elemento <a> è il suo attributo href. Ancora una volta, questo si adatta perfettamente al tuo markup esistente. Tutto quello che devi fare è dire che il tuo elemento <a> esistente equivale alla proprietà url:

```
<a itemprop="url"
href="https://miosito.org/">Informazioni
</a>
```

In inglese, questo dice: "Ecco la proprietà url del solito vocabolario e il valore della proprietà è https://miosito.org/. " Naturalmente, se il tuo markup sembra leggermente diverso, non è un problema. Puoi aggiungere proprietà e valori dei microdati a qualsiasi markup HTML.

www.ingramcontent.com/pod-product-compliance
Lightning Source LLC
La Vergne TN
LVHW051709050326
832903LV00032B/4095

* 9 7 9 8 5 9 6 8 4 0 2 3 0 *